5-MINUTEN-FUSSBALL

FÜRS STILLE ÖRTCHEN

arsEdition

VORWORT

»Ich lese keine Bücher!«, sprach kategorisch Ex-Nationalspieler Klaus Fischer, als er von einem Journalisten nach seinem Lieblingsbuch gefragt wurde. Glücklicherweise gilt diese Maxime nicht für alle Menschen, die sich für Fußball interessieren, denn sonst würden Sie dieses kleine Buch nicht in der Hand halten. (Eigentlich praktisch am Fußball wäre sogar – zumindest theoretisch –, dass man selbst beim Spiel beide Hände frei hätte, um ein Buch festzuhalten. Aber das wäre dann wohl auch wieder ein bisschen viel verlangt.)

Aber vielleicht gelingt es den Texten auf diesen Seiten, die maßlos langweilige Zeit während der Werbepausen, Teepausen, Pausen bis zum Anstoß etc., unter Umständen auch torlose ganze Rasenschachpartien zu überbrücken. Denn der Fußball hat nicht nur sportliche, leistungsorientierte Seiten – Tore sind nicht alles, was zählt. Manchmal geht es auf dem Rasen und rund um ihn herum ausgesprochen kurios, menschlich, überraschend, humorvoll und ganz schön gaga zu.

Viel Spaß bei der Lektüre!

VON MENSCHEN UND ANDEREN FANS

»Wir sind freundlich begrüßt worden – von Menschen, Frauen und Kindern.«

(Helmut Sandrock, Generalsekretär des Deutschen Fußball-Bundes, kurz nach der Ankunft des DFB-Teams im WM-Quartier »Campo Bahia« in Brasilien)

MANN & FUSSBALL IN PROZENTEN

74 % aller Männer wären selbst gerne Fußballprofis geworden.

63 % der Männer gehen während einer WM zum Public Viewing.

59 % der Männer sind keine Fans von Frauenfußball.

52 % der Männer kicken lieber selbst, als Fußball zu gucken.

38 % aller Männer halten Gerd Müller für den besten deutschen Spieler aller Zeiten.

9 % der Männer würden für ein Finalticket 500 € oder mehr bezahlen.

TRIKOTTAUSCH WAR GESTERN …

Den richtigen Kick bekommen Aktive und Zuschauer erst dann, wenn die Spieler nach dem Match … die Hosen tauschen. Das dachten offenbar Ivan Rakitić und Stéphane Mbia, die nach dem Spiel Kroatien gegen Kamerun bei der WM 2014 in Brasilien für Aufregung sorgten, weil sie mitten auf dem Spielfeld nicht nur die Trikots, sondern auch die Beinkleider wechselten. Den Spielertunnel betraten sie dann zwar noch mit Schuhwerk, aber in Unterhosen. Kroatiens Mittelfeldmann und der Verteidiger aus Kamerun kennen sich vom FC Sevilla.

Apropos Unterhosen …

»Ich bin kein Typ,
der in Unterhosen posiert.«

(Manuel Neuer, Nationaltorwart)

EUROPAS 5 BESTE KEEPER

1390 MINUTEN – Dany Verlinden, Club Brugge KV

Der Top-Keeper Europas wird »die Mauer« genannt. Vom 3. März bis zum 26. September 1990 hielt er sein Tor für das Team vom FC Brügge frei von Gegentreffern – über mehr als 15 Spiele.

1311 MINUTEN – Edwin van der Sar, Manchester United FC

Zum letzten Mal vor seinem Rekord bezwang ihn am 8. November 2008 Samir Nasri bei Manchesters 1:2-Niederlage gegen Arsenal FC. Dann sollte es volle vier Monate dauern, bis Edwin van der Sar den nächsten Gegentreffer einstecken musste.

1275 MINUTEN – Abel Resino, Club Atlético de Madrid

Er hielt sein Tor über 14 Spiele sauber, und zwar vom 25. November 1990 bis zum 17. März 1991.

1221 MINUTEN – Marios Praxitelous, AC Omonia

Er blieb vom 25. Oktober 1981 bis zum 13. Februar 1982 unbezwungen – kein Ball überquerte seine Torlinie.

1192 MINUTEN – Vítor Baía, FC Porto

In der Saison 1991/1992 war er der Rekordhalter in der portugiesischen Liga, erst ein Elfmeter beendete seine Zeit ohne Niederlage im Tor.

FUSSBALLER UND DAS FREMDWORT

»Da gehe ich mit Ihnen ganz chloroform.« (Helmut Schön)

»Das ist eine Deprimierung.« (Andreas Möller)

»Das wird alles hochkristallisiert.« (René Adler)

»Das wird doch alles von den Medien hochsterilisiert!« (Bruno Labbadia)

»Die Sanitäter haben mir sofort eine Invasion gelegt.« (Fritz Walter junior)

»Ja, der FC Tirol hat eine Obduktion auf mich.« (Peter Pacult)

»Eine gefährliche Parabole aufs Tor.« (Karl-Heinz Rummenigge)

»Ich bin immer offen für Kritik, nur sie muss konstruktivistisch sein.« (Michael Skibbe)

»Ich habe ihn nur ganz leicht retuschiert.« (Olaf Thon)

»Ich hoffe, dass dieses Spiel nicht mein einziges Debüt bleibt.« (Sebastian Deisler)

»In der ersten Halbzeit haben wir ganz gut gespielt, in der zweiten fehlte uns die Kontinu... Kontuni..., ach, scheiß Fremdwörter: Wir waren nicht beständig genug!« (Pierre Littbarski)

»Ja gut, der arbeitet von morgens bis abends. Ja gut, so was nennt man im Volksmund, glaube ich, Alcoholic.« (Rudi Völler über Reiner Calmund)

»Wie Statisten ausgerechnet haben ...“ (Sabine Töpperwien)

»Wir sind nur die Underducks.« (Reiner Calmund)

»Wir haben die Mannschaft ganz karibisch zusammengestellt.« (Bochums Manager Klaus Hilpert)

»Wir haben ein Abstimmungsproblem – das müssen wir automatisieren.« (Berti Vogts)

»Wir haben uns gut aus der Atmosphäre gezogen.« (Wolfgang Wolf)

»Wir müssen gewinnen, alles andere ist primär.« (Hans Krankl)

DER BUNDESTRAINER HAT DAS WORT

»Fußball kann so grausam sein.«

(Joachim Löw)

FUSSBALL – DIE VERSAGER

0,89 Tore pro Jahr schoss der schlechteste Fußballverein der Welt – und kassierte 49,3 Gegentore pro Jahr. In seiner siebzigjährigen Vereinsgeschichte brachte es der Ibis Sport Club/Recife, Brasilien, nur auf 62 Treffer, kassierte aber 3550 Gegentore.

Die meisten Gegentore in einem einzigen Länderspiel kassierte Amerikanisch-Samoa. Die Mannschaft unterlag Australien mit einem Ergebnis von sagenhaften 0:31 Toren.

In nur drei Spielen musste der Torwart der Nachwuchsmannschaft von Mikronesien 114-mal hinter sich greifen. Bei den Pacific Games auf der Insel Guam verlor das Team 0:46 gegen die Elf von Vanuatu, unterlag gegen Fidschi 0:38 und wurde schließlich von Tahiti 0:30 geschlagen.

Der schlechteste Bundesliga-Torwart aller Zeiten Eike Immel kassierte 829 Tore in 534 Spielen – 1,6 Tore pro Spiel.

Volle 56 Mal hintereinander hat die Mannschaft des MTV Wangelsen, beheimatet in Norddeutschland, verloren. Nach 441 Gegentoren erzielte das Team in der Saison 2015 sein erstes Unentschieden.

4,5 MILLIONEN PESOS

Diesen Betrag spendete der argentinische Fußballstar Lionel Messi im August 2015 für notleidende Kinder. Er unterstützte damit das UNICEF-Kinderhilfswerk der Vereinten Nationen für die Arbeit in Südamerika.

DIE SCHNELLSTEN FUSSBALLER DER WELT

Cristiano Ronaldo (Real Madrid) 33,6 km/h
Arjen Robben (Bayern München) 32,9 km/h
Theo Walcott (Arsenal London) 32,7 km/h

LANGLAUF MIT PFEIFE

Nach sportmedizinischen Untersuchungen legt ein Schiedsrichter pro Spiel durchschnittlich elf Kilometer zurück. Auf fünf Kilometern dieser Strecke läuft er schneller als 18 km/h.

IN DER KÜRZE LIEGT DIE WÜRZE

Wenn bei der Fußball-Europameisterschaft die einzelnen Nationalhymnen der Mannschaften gespielt werden, greift man auf eine Zwei-Minuten-Kurzversion zurück. Die griechische Nationalhymne zum Beispiel würde in voller Länge den Spielbeginn um rund 54 Minuten verzögern. Die »Hymne an die Freiheit« hat 158 Strophen und ist damit die längste Nationalhymne der Welt.

FUSSBALLGESCHICHTE

Seit dem 15. Jahrhundert wird in Florenz der »Calcio Storico« betrieben, eine Variante des Ballspiels, bei dem auch die Füße eine Rolle spielen. Es geht recht rüde zu: Fairness ist etwas für Resteuropa, Florentiner brauchen so etwas nicht. Im Kampf verletzt zu werden, ist durchaus ehrenvoll, die Sanitäter gehören zur Folklore. Gespielt wird auf einem Sandplatz, Hände und Füße dürfen zum Einsatz kommen, um den Ball ins Tor zu bringen. Männer aus vier Stadtvierteln der Florentiner Altstadt treten im mehr oder weniger edlen Wettstreit gegeneinander an. Das Spiel und die Farben der Mannschaften gehen auf den Circus Maximus im antiken Rom zurück.

NICHT PING-PONG – POK TA POK!

Viele südamerikanische Völker kannten rituelle Ballspiele. Bei den Maya nannte man das Spiel zu Ehren und zur Unterhaltung der Götter und der jeweiligen Herrscher »Pok ta pok«, was von dem Geräusch herrühren dürfte, das der Ball beim Schießen verursacht.

TS'UH-KÜH

Im 3. Jahrhundert v. Chr. war in China ein Spiel mit dem Namen Ts'uh-küh bekannt, das durchaus dem Fußball ähnlich war. Es diente zunächst der militärischen Ausbildung, entwickelte sich dann aber zum Volksvergnügen und Nationalsport. Der Ball bestand zuerst aus vernähten Lederstücken, ausgestopft mit Federn und Tierhaaren. Um das Jahr 600 n. Chr. gab es dann eine Profiliga, feste Fußballregeln und es wurde mit einem luftgefüllten Ball gespielt. Um das Jahr 700 n. Chr. geriet das Spiel rätselhafterweise völlig in Vergessenheit.

FUSSBALL – FAKTEN

25 kg Kreidepulver werden benötigt, um ein Fußballfeld zu markieren.

100 dB – den Pegel eines Presslufthammers – erreicht die Pfeife eines Schiedsrichters.

3 Sekunden dauerte es, bis der walisische Fußballspieler Vinnie »the axe« Jones die Gelbe Karte sah.

4,4 kW werden beim Schuss eines Fußballs durchschnittlich erzeugt.

Es gibt 10.321.920 unterschiedliche Möglichkeiten, einen Fußballschuh mit acht Ösen zu binden.

30 Leute sind nötig, um eine La-Ola-Welle in Gang zu bringen.

DAS FUSSBALLER-ZITAT

»Der Miro ist seit Monaten in bestechlicher Form.«

(Jürgen Klinsmann über Miroslav Klose)

FUSSBALL & FARBEN

Sagt die Farbe des Trikots wirklich etwas über die Qualität einer Mannschaft? Man kann die folgenden Behauptungen und Feststellungen sehr kritisch sehen, spielt doch Real Madrid, der erfolgreichste Fußballclub der Welt, in ungünstigem Weiß. Mannschaften in Rot sollen echte Siegertypen sein – nur: Warum liegt denn die Siegquote der blauen Teams in WM-Spielen höher? Bilden Sie sich selbst ein Urteil:

BLAU: steht für Teamgeist und Zusammenhalt, Siegquote in WM-Spielen 56 %

GELB: täuscht erhöhte Präsenz einer Mannschaft auf dem Platz vor, Siegquote in WM-Spielen 55,9 %

GELB-SCHWARZ: Mannschaft wird instinktiv für gefährlich gehalten (»Hornissen-Effekt«)

GRÜN: Mannschaft »verschwindet« auf dem Grün des Rasens, Siegquote in WM-Spielen nur 42,2 %

ORANGE: Aufbruchstimmung, mutiges, offensives Team (siehe Niederlande)

ROT: steht für Schnelligkeit, Aggressivität, Dominanz und Entschlossenheit, Siegquote in WM-Spielen 49 %

WEISS: Passivität, Zurückhaltung und sogar Ängstlichkeit, Siegquote in WM-Spielen 45,3 %

SCHWARZ: die Farbe des Bösen, steht für Angriffslust und Aggressivität

ELFMETERSCHIESSEN: HEKTIK SCHADET NUR

Der norwegische Sportpsychologe Geir Jordet ist ein gründlicher Wissenschaftler. Er untersuchte für seine Elfmeterstudie alle Elfmeterduelle der Europa- und Weltmeisterschaften aus den letzten 30 Jahren und nahm auch noch alle Spiele der Champions League hinzu, die durch Elfmeterschießen entschieden wurden. Seine Erkenntnisse: Elfmeterschützen, die sich weniger als 200 ms Zeit für die Konzentration vor dem Schuss nahmen, trafen in 57 % aller Fälle, verschossen also fast jeden zweiten Ball. Elfmeterschützen, die sich die fünffache Zeit – also mindestens eine Sekunde – Zeit nahmen, verwandelten 80 % ihrer Schüsse.

Die Mannschaften mit den besten Elfmeterschützen kamen aus der Tschechoslowakei (100 % Treffer) und Deutschland (92,9 %). Die Kicker mit den schlechtesten Ergebnissen aus England (67,7 %) und den Niederlanden (66,7 %) waren zugleich auch die schnellsten Schützen – England 0,28 Sekunden nach dem Pfiff, die Niederlande 0,46 Sekunden.

Eine etwas überraschende zweite Erkenntnis des Forschers: Je hochkarätiger die Mannschaft, desto schlechter die Quote bei Elfmeterentscheidungen. Erfolgsgewohnte Teams und Superstars werden durch die Angst vor dem Scheitern verunsichert.

DER WAHRE SCHULDIGE

»Der Ball wurde irgendwie nicht schnell genug.«
(Eric Maxim Choupo-Moting, FC Schalke 04, über einen verschossenen Elfmeter)

TORWART, EIN RUHIGER JOB?

Der spezialisierte Torwart, wie wir ihn heute kennen, war lange Zeit ungebräuchlich. Bis zum Jahr 1871 war der Platz im Tor Zuflucht für die Lahmen und Erschöpften auf dem Spielfeld. Fühlte sich ein Spieler ausgelaugt und abgeschlafft, so nahm er den Posten des Torhüters ein – bis er sich erholt hatte oder von einem anderen abgelöst wurde, dem nun ebenfalls die Puste ausgegangen war. Im Freizeitfußball gibt es heute den fliegenden Torhüter, der keineswegs in Engelsausstattung antritt, sondern auch als Feldspieler aktiv wird. Bei den Berufsfußballern verstößt diese Variante zwar keineswegs gegen die Regeln, hätte aber vermutlich wegen der Torgefährlichkeit professioneller Stürmer verheerende Folgen für die Torbilanz.

HALT DIE KISTE SAUBER!

Der womöglich sicherste Torwart der Welt spielt in der brasilianischen Erst-Liga. Geraldo Pereira de Matos, genannt Mazaropi, Torwart vom CR Vasco da Gama, konnte zwischen dem 18. Mai 1977 und dem 7. September 1978 sein Tor für volle 1816 Spielminuten sauber halten – das sind über 30 Stunden oder über 20 volle Spiele. Allerdings sollen dabei einige Begegnungen in der Regionalliga mitgerechnet worden sein.

ELFMETERSCHIESSEN:
WAS SOLL DER TORWART TUN?

Es gibt nichts im modernen Sport, was Wissenschaftler nicht genau untersuchen. So fand der experimentelle Psychologe Rich Masters von der Universität Hongkong im Jahr 2007 heraus, wo der beste Platz für den Torwart ist, wenn er einen Elfmeter halten will. Der Fußball-Laie denkt natürlich: Na klar doch, in der Mitte, da kann er den Ball an beiden Seiten am schnellsten erreichen. Irrtum! Die wenigsten Treffer fängt sich beim Elfmeterschießen ein Torwart ein, der ein Stückchen seitlich von der Mitte steht.

FUSSBALL IST LEBENSGEFÄHRLICH:
HERZINFARKT BEIM ELFMETERSCHIESSEN

Ein erschreckendes Forschungsergebnis: George Davey Smith von der Universität Bristol fand heraus, dass nach dem Achtelfinalspiel Großbritannien gegen Argentinien während der Weltmeisterschaft 1998 die Kardiologen mehr zu tun bekamen: Es wurden 25 Prozent mehr Patienten mit einem Herzanfall eingeliefert, als durchschnittlich üblich.

DER FUSSBALL UND DIE ZAHLEN

»Wenn man ein 0:2 kassiert, dann ist ein 1:1 nicht mehr möglich.«
(Aleksandar Ristić)

»Ich bin froh, dass ich ein Tor gemacht habe – äh, zwei.«
(Ricardo Rodríguez)

»Der DFB-Elf reichte ein 0:0-Zittersieg gegen die Türkei.«
(ARD-Videotext)

»Ihr fünf spielt jetzt vier gegen drei!«
(Fritz Langner, Bundesligatrainer)

»Die Deutschen haben nur einen Spieler unter 22, und der ist 23.«
(Kevin Keagan, englischer Nationalspieler und -trainer)

»Drei mal drei ist sechs. Eigentlich wollte ich als Rückennummer die sechs haben, aber die war schon besetzt.«
(Maik Franz, Karlsruher SC über seine Trikotnummer 33)

»Der Jürgen Klinsmann und ich sind schon ein tolles Trio … ääh Quartett.« (Fritz Walter)

»Wir haben 99 Prozent des Spiels beherrscht. Die übrigen drei Prozent waren schuld, dass wir verloren haben.«
(Ruud Gullit, niederländischer Nationalspieler)

»Das Tor gehört zu 70 % mir und zu 40 % dem Wilmots.«
(Ingo Anderbrügge)

»Zu 50 Prozent stehen wir im Viertelfinale. Aber die halbe Miete ist das lange noch nicht.« (Rudi Völler, Ex-DFB-Teamchef)

»Man kennt das doch. Der Trainer kann noch so viel warnen, aber im Kopf jedes Spielers sind zehn Prozent weniger vorhanden. Und bei elf Mann sind das schon 110 Prozent.« (Sportreporter Werner Hansch)

»Zwei Chancen, ein Tor – das nenne ich hundertprozentige Chancenauswertung.« (Roland Wohlfahrt)

FUSSBALLREGELN HISTORISCH

Niedergeschrieben hat sie im Oktober 1863 ein Mensch namens Ebenezer Cobb Morley, erster Sekretär der neu gegründeten Football Association und späterer Präsident der Vereinigung, und er entwickelte diese Regeln auf der Basis der so genannten „Sheffield Rules" des 1857 gegründeten FC Sheffield. Sie bilden bis heute die Grundlage des modernen Fußballs, wobei im Laufe der Zeit einige Regelungen entfallen sind oder geändert wurden, die wir heute mit Kopfschütteln betrachten würden, wären sie noch gültig. Hier eine Auswahl:

- Handspiel war keineswegs verboten.
- Nach jedem Tor wechselten die Mannschaften die Seiten.
- Die maximale Größe des Spielfeldes war 100 × 200 Yards, was 91 × 183 m entspricht.
- Zwei Pfähle sollten das acht Yards (7,3 m) breite Tor kennzeichnen, das keine Querlatte besaß.

- Ein Torschuss zählte, wenn der Ball die Linie zwischen den beiden Pfosten passierte, gleichgültig in welcher Höhe, und wenn er nicht geworfen oder getragen wurde.
- Ein Spieler, der im Besitz des Balles war, durfte mit dem Ball nicht laufen.
- Ging ein Ball ins Aus, so durfte er von dem Spieler, der ihn zuerst erreichte, wieder ins Spiel gebracht werden, gleichgültig, zu welcher Mannschaft er gehörte.
- Ein Spieler durfte einen Ball zwar aus der Luft fangen, ihn aber keinesfalls vom Boden aufheben.
- Hatte ein Spieler den Ball gefangen, so bekam er einen Freistoß; er durfte ihn auf den Boden legen und abschießen. Auf keinen Fall durfte ein Spieler den Ball mit den Händen werfen oder an einen anderen Spieler weitergeben.
- Nägel und Platten aus Eisen oder Hartgummi an den Sohlen oder Hacken der Fußballschuhe waren verboten.
- Die genaue Anzahl der Spieler in einer Mannschaft war nicht festgelegt.
- Es gab keine Regeln zur Beschaffenheit des Balles.
- Auch die Fairnessregeln waren nicht genau definiert. Vor Beginn eines Spieles sollten die Mannschaftsführer aushandeln, was als Foul gelten sollte und was nicht.

FUSSBALL-GEOMETRIE

»Ball rund muss in Tor eckig!«

(Helmut Schulte)

SELBSTERKENNTNIS

»Alles hat gestimmt: Das Wetter war gut, die Stimmung war gut, der Platz war gut – nur wir waren schlecht.«

(Dariusz Wosz über die Leistung der deutschen Nationalmannschaft beim 1:1 gegen Portugal in Berlin)

ACHT DINGE BRAUCHT DER SCHIEDSRICHTER

Pfeife, Rote und Gelbe Karte, Notizblock, Stift, Wählmünze, Stollenprüfer, Freistoßspray

GESTOHLENE POKALE

- Gleich zweimal gestohlen wurde der erste Pokal der Fußballweltmeisterschaft, 1930 von FIFA-Präsident Jules Rimet gestiftet und daher Coupe Jules Rimet genannt. Die 35 cm hohe Statue des französischen Bildhauers Abel Lafleur bestand aus vergoldetem Sterlingsilber.
- 1966 verschwand der Coupe Jules Rimet kurz vor Beginn der Weltmeisterschaft. Der brasilianische Fußballverband hatte den Wanderpokal an die FIFA zurückgegeben und die Trophäe wurde in einer Ausstellung unter dem Titel »Sport in Briefmarken« in der Londoner Westminster Central Hall gezeigt. Dort wurde er am 20. März 1966 entwendet. Die Fahndung nach Täter und Beute blieb zunächst erfolglos, aber am 27. März 1966 wurde eine besondere Spürnase fündig: Ein schwarz-weißer Mischlingshund namens Pickles entdeckte das Diebesgut schnüffelnd in einem Vorgarten im Londoner Süden. Hund und Herrchen durften sich über 6000 Pfund Belohnung und eine Einladung zu einem Festbankett anlässlich der Eröffnung der Weltmeisterschaft freuen, ein Anlass, bei dem Pickles alle Teller der teilnehmenden Gäste ablecken durfte. Dabei handelte es sich wohl um eine seiner letzten Vergnügungen, denn 1967 erdrosselte sich Pickles bei der Jagd nach einer Katze mit der eigenen Leine.
- Der zweite Diebstahl geschah fast zwei Jahrzehnte später: Die Trophäe war seit 13 Jahren Eigentum der brasilianischen Nationalmannschaft, denn Brasilien hatte die Weltmeisterschaft bereits dreimal gewonnen – 1958, 1962 und 1970. Im Jahr 1983 verschwand die Trophäe aus einer Ausstellung in Rio de Janeiro auf Nimmerwiedersehen. Nach Erkenntnissen der Polizei wurde sie eingeschmolzen. Seither muss sich der nationale Fußballverband Brasiliens mit einer Nachbildung begnügen.
- Die FIFA hat ihren neuen Weltmeisterschaftspokal, erstmals bei der WM 1974 gezeigt, auf besondere Weise gegen Diebstahl gesichert. Die Trophäe wird nicht mehr an die Sieger vergeben und auch nicht nach dreimaligem WM-Gewinn übereignet. Das Original bleibt Eigentum der FIFA, die WM-Sieger erhalten eine Nachbildung aus vergoldeter Bronze. Doch auch dieser Ersatzpokal bleibt Eigentum der FIFA und muss auf Verlangen zurückgegeben werden.

FUSSBALLER MIT FLUGANGST

- Fritz Walter – Der Kapitän der Weltmeister-Nationalmannschaft von 1954 versuchte sein Leben lang, Flugreisen zu vermeiden. Doch war irgendjemand auf die Idee gekommen, einen Flug zur Weltmeisterschaft 1962 in Chile in Begleitung von Fritz Walter zum 1. Preis eines Preisausschreibens auszusetzen. Nur dank der psychologischen Unterstützung von Sportreporter Rudi Michel überlebte der große Fußballer diesen Ausflug in den Himmel mental.
- Gerd Müller – Auch der »Bomber der Nation« vermied Ausflüge in den Luftraum und ließ sich lieber mit dem Taxi zu den jeweiligen Spielorten chauffieren – zur Not auch über Tausende von Kilometern.
- Ulf Kirsten – In seinem Fall verhinderte die Flugangst 1989 einen Wechsel von Dresden nach Mailand. Angesichts eines Learjets, der ihn nach Italien bringen sollte, entschloss sich der DDR-Fußballer, doch lieber das Angebot von Reiner Calmund anzunehmen und zu Bayer Leverkusen zu wechseln, wo er zum Torjäger avancierte.
- Paul Gascoigne – Der englische Fußballer bekämpfte seine Flugangst gern mit Hochprozentigem. Als seine Mannschaft während der WM 1990 für das Achtelfinal-Spiel gegen Belgien nach Bologna unterwegs war, zeigte die Alkoholtherapie so starke Wirkung, dass der angeheiterte »Gazza« einen Ausflug ins Cockpit unternahm, sich dort die Funktion von Hebeln und Knöpfen erklären ließ und dann plötzlich zulangte – er schickte die Maschine in einen Sturzflug, obwohl der Pilot ihm zuvor gewarnt hatte, irgendetwas anzufassen. Seine mitreisenden Mannschaftskameraden waren not amused, Torwart Chris Woods wollte sich sogar handgreiflich bedanken.
- Dennis Bergkamp – Er fing sich den Spitznamen »The Non-Flying Dutchman« ein, weil er nur schwer dazu zu bewegen war, ein Flugzeug zu betreten, sodass seine Mannschaft, der FC Arsenal, ihn zu Auswärtsspielen meist nicht einsetzte. Später erweiterte Bergkamp seine Reisephobie auch auf Bahnfahrten, sodass er es vorzog, seine Spitzenleistungen im Fußball im heimischen Stadion zu erbringen. Bei seinem letzten Spiel für den FC Arsenal war es Dennis Bergkamp, der das neue Stadion einweihen durfte – das ironischerweise seinen Namen vom Sponsor, den Emirates Airlines aus Dubai, erhielt.

SCHNELL – UND TEUER ...

Jeder Autofahrer gerät einmal in eine Radarfalle – Fußballstar Marco Reus schaffte es gleich fünf Mal. Dabei war er in unterschiedlichen Supersportwagen unterwegs, unter anderem in einem Aston Martin Vanquish. Hinzu kamen allerdings noch eine unangenehme Kleinigkeit: Der Starkicker besaß zwar Geschmack bei der Auswahl seiner Fahrzeuge, aber keinen Führerschein. Das Ende vom Lied: 90 Tagessätze – beim Einkommen des Fußballers eine Gesamtstrafe von 540.000 €.

FUSSBALL-GEOGRAFIE

»Da ist es saukalt und um fünf Uhr dunkel. Man muss sich von der Vorstellung verabschieden, dass es da warm ist und an jeder Ecke ein Leopard sitzt.«

(Franz Beckenbauer über Südafrika)

DER TRAINER HAT DAS WORT

»Taktik ist Kokolores!«

(Erich Ribbeck, Bundestrainer von 1998 bis 2000)

FUSSBALL IST ...

»Fußball ist kein Schachspiel, da kracht's halt hin und wieder.«

(Franz Beckenbauer über die Verletzungsausfälle zahlreicher Spieler vor der WM 2010)

»Fußball ist wie eine Frikadelle,
man weiß nie, was drin ist.«

(Martin Driller, Ex-FC-St.-Pauli-Stürmer)

»Fußball ist ein einfaches Spiel: 22 Männer
jagen 90 Minuten lang einem Ball nach,
und am Ende gewinnen immer die Deutschen.«

(Gary Lineker nach dem Aus für England
gegen Deutschland bei der WM 1990)

»Fußball ist ein überschaubares Drama mit offenem Ende.«

(Helmut Markwort, Ex-Chefredakteur des »Focus«)

»Fußball ist immer ding, dang, dong.«

(Giovanni Trapattoni)

INTERNATIONAL NICKNAMES

Alfredo Di Stéfano – **LA SAETA RUBIA**
Cristiano Ronaldo – **CR7**
David Beckham – **GOLDEN BALLS**
David James – **CALAMITY JAMES**
Didi – **MR. FOOTBALL, PRÍNCIPE ETÍOPE**
Éric Cantona – **KING ERIC**
Eusebio – **THE BLACK PANTHER (PANTERA NEGRA)**
Franck Ribéry – **SCARFACE**
Gilberto Silva – **THE INVISIBLE WALL**
Lionel Messi – **LA PULGA (DER FLOH)**
Diego Maradona – **EL PIBE DE ORO (DAS GOLDENE KIND)**
Mario Gomez – **SUPER MARIO**
Mesut Özil – **NEMO**
Paul Gascoigne – **GAZZA**
Robin van Persie – **THE FLYING DUTCHMAN**
Ronaldinho – **R10**
Ronaldo – **EL FENÓMENO**
Thierry Henry – **KING HENRY, VA VA VOOM**
Wayne Rooney – **WAZZA**
Zico – **THE WHITE PELÉ, GALINHO DE QUINTINO**

FUSSBALLREKORDE

In der Saison 2015 spielte der erste FC Köln sensationelle neun Mal unentschieden – 0:0.

ENDSTAND 0,5:0

Wie soll ein solches Ergebnis bei einem Fußballspiel entstehen? Eigentlich ganz einfach: Als in den 1940er-Jahren während eines Fußballspiels im brasilianischen Bundesstaat Paraíba der Ball bei einem Elfmeterschuss platzte, trug es sich zu, dass die Lederhülle am Tor vorbeiflog, während die Luftblase des Balls ins Tor ging. Wie bewertet man so einen Treffer? Die Fußballregeln kennen einen solchen Fall nicht. Der Schiedsrichter löste das Problem einfallsreich und gab ein halbes Tor, und weil auch kein weiterer Treffer fiel, endete die Partie 0,5:0. Die ganze Geschichte könnte aber auch eine Fußballlegende sein.

DIE LÄNGSTE NACHSPIELZEIT

Das Bezirksliga-Spiel zwischen Dostlukspor (türkisch für Sportfreunde) Bottrop und Blau-Weiß Wesel im August 2007 ging nicht wegen seiner spielerischen Qualitäten in die Fußballgeschichte ein, sondern weil es ungewöhnlich lange dauerte. Es war bis zum Abpfiff insgesamt 28 Minuten länger als ein gewöhnliches 90-Minuten-Match. Der Schiedsrichter hatte nach der ersten Halbzeit 13 Minuten und nach der zweiten 15 Minuten nachspielen lassen, weil seiner Meinung nach auf Zeit gespielt wurde und den Zuschauern deshalb etliche Minuten Fußball vorenthalten worden waren, für die sie schließlich bezahlt hatten. Offenbar hatte Blau-Weiß Wesel den längeren Atem und siegte 4:2.

DAS LÄNGSTE FUSSBALLSPIEL ALLER ZEITEN

Zwei englische Teams – die Cotswold All Stars und der Cambray FC, Vereine einer regionalen Kirchenliga – stellten einen Weltrekord auf: das längste Fußballspiel aller Zeiten. Sie traten zu diesem Rekordversuch gegeneinander an, um Geld für eine Schule in Indien zu sammeln. Jeder Spieler musste drei Stunden durchhalten, dann gab es eine fünfminütige Pause, in der auch gewechselt werden konnte. Das Spiel dauerte 35 Stunden, dann musste es wegen Unbespielbarkeit des Platzes wegen Regens abgebrochen werden. Insgesamt fielen 626 Tore, die Cotswold All Stars siegten 333:293. Viel wichtiger: Immerhin 35.000 € gingen nach Indien.
Ebenfalls ein ellenlanges Spiel lieferten sich die Mannschaften des Schweizer Vereins FC Niederweningen 2 und FC Seuzach 3. Sie spielten 2006 über 27 Stunden lang gegeneinander, um einen Eintrag im Guinness-Buch der Rekorde zu bekommen. Das Match endete übrigens mit 140:148 für das Team aus Seuzach.
Der Weltrekord einer Einzelmannschaft im Dauer-Fußball stand 1997 bei 40 Stunden, aufgestellt vom SV Fortuna Millingen. 2007 dann getoppt: 41 Stunden kickte die zweite Mannschaft desselben Vereins mit insgesamt 29 Fußballern in 41 Spielen gegen 41 gegnerische Mannschaften. Über die Qualität der Begegnungen lässt sich wenig sagen.

SCHNELLE TORE

Ganze 11 Sekunden brauchte der türkische Nationalstürmer Hakan Şükür für sein Tor bei der Weltmeisterschaft 2002 im Spiel um Platz 3 gegen Südkorea. Die magischen 11 Sekunden schafften auch Bundesligaspieler: Giovane Elber traf 1998 für Bayern München im Spiel gegen den HSV nach elf Sekunden, Ulf Kirsten brachte 2002 für Bayer Leverkusen in Kaiserslautern denselben schnellen Treffer.

IDENTITÄTDIEBSTAHL

Der ecuadorianische Fußballer Angel Cheme Ortiz trat für die Zeit von sieben Jahren unter dem Namen Gonzalo Javier Chila Palma zu Spielen in der ersten Liga seines Landes an. Bei einem Probetraining hatte er sich mit falschem Namen angemeldet, den er später sogar auf seinem Reisepass führte. Er hatte den Namen des drei Jahre jüngeren Gonzalo Chila zunächst benutzt, weil er so auch an Spielen der Fußballjugend teilnehmen konnte, für die er sonst zu alt gewesen wäre. Als der echte Gonzala Chila, mittlerweile evangelischer Seelsorger, ihn auffliegen ließ, wurde er vom Fußballverband seines Landes für zwei Jahre gesperrt.

DER SCHNELLSTE BUNDESLIGA-HATTRICK

Zu einem Hattrick gehört ein Torschütze, der dreimal hintereinander trifft, und ein unglücklicher Torwart, der drei Bälle passieren lassen muss. Im Falle des schnellsten Hattricks war der arme Keeper ausgerechnet Oliver Kahn. Michael Tönnies, mit 29 Toren für den MSV Duisburg Torschützenkönig der Zweitligasaison 1990/91, verpasste ihm am 27. August 1991 in fünf Minuten drei Mal unhaltbare Dinger.

DIE MEISTEN ROTEN KARTEN

Wo geht es im Fußball am wildesten zu? In Südamerika natürlich. 36 Rote Karten in einem einzigen Spiel verteilte ein Schiedsrichter in Paraguay. Alle Spieler auf dem Platz, aber auch die Ersatzspieler und die Trainer sahen Rot. Wie es dazu kommen konnte? Schiedsrichter Nestor Guillen hatte nach einer Schlägerei zwischen zwei Spielern von Teniente Farina und Libertad Club zweimal Rot gezeigt, was aber die Kampfeslust der beiden Kontrahenten keineswegs abkühlte. Mehr noch: Wenig später mischten sich alle Spieler auf dem Platz und auch beide kompletten Ersatzbänke tatkräftig in den Konflikt ein. Das Schiedsrichtergespann musste sich in den Kabinen in Sicherheit bringen und rächte sich mit 36 Platzverweisen.
Ein Jahr zuvor konnte sich die fünfte Liga Argentiniens an einem ähnlichen Ereignis erfreuen. Die Mannschaften von Claypole (ein Vorort von Buenos Aires) entschlossen sich kurz vor dem Abpfiff, das Match mithilfe einer Massenschlägerei zu entscheiden. Der mutige Einsatz von Schiedsrichter Damian Rubino, der eine Rote Karte nach der anderen – insgesamt 36 verteilte, konnte sie nicht aufhalten, denn auch Ersatzspieler, Trainer und Fans von den Rängen mischten sich in das Getümmel – es muss einfach großartig gewesen sein. Und: Ein Rekord war gefallen. 1993 waren bei einem Spiel 20 Rote Karten gezogen worden – gähnende Langeweile im Vergleich.

DIE SCHNELLSTE ROTE KARTE

Wie lange mag ein Spieler minimal brauchen, um mit der Roten Karte vom Platz verwiesen zu werden? Sicher nicht lange, aber mit 0 Sekunden hält der aus Jamaika stammende Walter Boyd vom FC Swansea einen uneinholbaren Rekord. Er sollte gerade eingewechselt werden, rammte aber auf dem Weg zum Spielfeld einem Gegenspieler den Ellbogen ins Gesicht und sah augenblicklich Rot, bevor er einen Fuß auf das Grün gesetzt hatte.
Den ersten Rang teilt er sich mit Keith Gillespie von Sheffield United, der im Januar 2007 eine ähnliche »Leistung« vollbrachte.

Platz 2 in der Hitparade der Rotsünder: Lee Todd, walisischer Amateurfußballer. Als der Schiedsrichter das Spiel im Jahr 2000 anpfiff, soll Todd dies mit den Worten »Fuck me, that was loud!« kommentiert haben. Nach nur zwei Sekunden musste er wegen »foul language« den Platz mit Rot verlassen.

Platz 3: David Pratt, Spieler bei Chippenham Town aus der siebten Liga. Ihm genügten 2008 im Spiel gegen Bashley F.C. drei Sekunden für den Platzverweis.

Respektable Rüpel gibt es aber auch in der Bundesliga. Am 14. Mai 2011 wurde es Marcel Titsch-Rivero schon nach 43 Sekunden rot vor Augen. Er hatte im Spiel seiner Mannschaft Eintracht Frankfurt gegen Borussia Dortmund den attackierenden Marcel Schmelzer im Strafraum zu Fall gebracht und seinem Verein auch noch einen Elfmeter eingehandelt, den aber Keeper Ralf Fährmann halten konnte.

Ähnliches leistete Youssef Mohamad in der Saison 2010/2011 im Spiel des 1. FC Köln gegen den 1. FC Kaiserslautern. Nach 93 (andere Quellen sagen 87) Sekunden zeigte seine persönliche Ampel Rot.
Er wurde wegen seiner Notbremse für drei Ligaspiele gesperrt.

DIE »LANGSAMSTE« ROTE KARTE

Erst sehr spät musste der Schiedsrichter zu Rot greifen. Der Argentinier Leandro Cufré sah erst nach Spielschluss die Rote Karte, weil er dem deutschen Nationalspieler Per Mertesacker nach dem verlorenen Elfmeterschießen in der Partie Argentinien gegen Deutschland bei der Fußball-WM 2006 in den Genitalbereich getreten hatte. Ein Platzverweis war nicht die Folge – Leandro Cufré hatte in der Begegnung keine einzige Minute gespielt –, wohl aber eine Strafe des Weltverbandes FIFA. Leandro Cufré wurde für vier Pflichtspiele gesperrt und musste 10.000 Schweizer Franken Geldstrafe zahlen.

IMMER NUR ZWEITER

Offenbar auf den zweiten Platz abonniert waren 2001/2002 Michael Ballack und der FC Bayer Leverkusen. In der Saison 2001/2002 landete Ballack mit seinen Mannschaften insgesamt viermal auf dem zweiten Platz. Bayer Leverkusen wurde Vizemeister hinter Borussia Dortmund und wurde im Finale des DFB vom FC Schalke 04 besiegt. Im Champions-League-Finale setzte sich nach zähem Ringen Real Madrid gegen Leverkusen durch. Mit der Nationalmannschaft musste sich Ballack im WM-Endspiel gegen Brasilien geschlagen geben.

FUSSBALL-BALLISTIK

Ein Ball fliegt am weitesten, wenn er in einem Winkel von 45 Grad abgeschossen wird.

DAS FUSSBALLER-ZITAT

»Bis zum 1:0 haben wir gut gespielt. Leider fiel das Tor schon in der 6. Minute.«

(Leverkusens Sportdirektor Rudi Völler zum 2:0-Sieg in Frankfurt)

FUSSBALLBEGEISTERTE ELTERN

Sie schrecken offenbar vor nichts zurück: Als während der Fußballweltmeisterschaft 2014 im Spiel zwischen Belgien und Algerien zwei Tore für Belgien fielen, bestimmte dieser Sachverhalt über die Vornamen eines in Gent geborenen Babys: Seine Eltern verpassten ihm den Namen »Titus« und gaben ihm zusätzlich die Vornamen der Torschützen: Marouane und Dries, denn Marouane Fellaini und Dries Mertens hatten beim 2:1 gegen Algerien die Belgier in Front gebracht. »Wenn wir fünf Tore geschossen hätten, hätte das Baby fünf Vornamen«, meinte Pieter Tijtgat, der Vater des zukünftigen Fußballfans.

FUSSBALL-JONGLIEREN

Der Ukrainer Nikolai Kutsenko schaffte es, 1995 einen Fußball über den Zeitraum von 24 Stunden und 30 Minuten in der Luft zu halten, und zwar nur mit dem Kopf und den Füßen. Weltrekord! Damit übertraf er den bisherigen brasilianischen Rekordhalter Ricardinho Neves (19 Stunden, 5 Minuten, 31 Sekunden, 1994) gleich um mehrere Stunden. Ein Versuch des Brasilianers Martinho Eduardo Orige, diesen Rekord zu brechen, scheiterte im Jahr 2003; er brachte es »nur« auf 19 Stunden und 30 Minuten.

UNBEKANNTE

Jeder, der Freistoß und Elfmeter unterscheiden kann und womöglich sogar weiß, was Abseits ist, glaubt, sich im Fußball auszukennen. Dabei gibt es Regeln, von denen bisher kaum jemand gehört hat:

- Behindert Nebel die Sicht so stark, dass man nicht mehr von einem zum anderen Tor sehen kann, wird ein Spiel abgebrochen, weil es nicht ordnungsgemäß zu Ende geführt werden kann.
- Eine Mannschaft muss mit mindestens sieben Spielern antreten, damit ein Spiel angepfiffen werden darf.
- Muss von diesen sieben ein Spieler wegen einer Verletzung oder weil er die Rote Karte erhalten hat, den Platz verlassen, so kann das Spiel abgebrochen werden.
- Für Europameisterschafts- und Weltmeisterschaftsturniere dürfen nur 23 Spieler pro Nation anreisen. Nur drei Ersatzspieler dürfen mit ins Trainingslager reisen.
- Fliegt ein Spieler noch vor dem Anpfiff der ersten Halbzeit raus, weil er zum Beispiel wegen unsportlichen Verhaltens eine Rote Karte bekommen hat, so kann die betroffene Mannschaft ihn durch einen anderen Spieler ersetzen und vollständig mit elf Spielern antreten.
- Ohne Schuhe darf nicht gespielt werden. Verliert ein Spieler während des Spiels seinen Schuh und kickt einfach barfuß weiter, so gibt es einen Strafstoß für die gegnerische Mannschaft.

FUSSBALLREGELN

- Platzt der Ball bei einem Torschuss an die Latte oder den Pfosten, gibt es Schiedsrichterball von der Fünfmeterlinie.
- Prallt der Ball vom Schiedsrichter oder einem seiner Assistenten ab und geht danach ins Tor, so zählt dieses Tor wie jedes andere auch.
- Wird der Ball vom Torwart gespielt, gilt die Abseitsregel nicht.

STARKWINDREGEL

Eine besondere Regelung gilt für die Färöer-Inseln (Dänemark). Dort darf bei der Ausführung eines Elfmeters ein Mitspieler den Ball für den Schützen festhalten, weil er sonst vom Wind weggeweht werden könnte.

DER TRAINER HAT DAS WORT

»In Bochum wurde früher so geholzt, dass sogar der Ball eine Gefahrenzulage verlangt hat.«

(Max Merkel)

SCHIEDSRICHTER KARL WALD ERFINDET DAS ELFMETERSCHIESSEN

Auch wenn Fußballfans den Elfmeter wie Himmel und Erde, Sonne und Mond, Bundesliga und Weltmeisterschaft für einen von Gott gegebenen Teil der Schöpfung halten: Den elf Meter von der Torlinie entfernten Strafstoß gab es nicht immer. Erfunden hat ihn der 1916 in Frankfurt geborene Schiedsrichter Karl Wald, dessen Leben von früher Kindheit an mit dem Fußball verbunden war. Als Schiedsrichter in allen deutschen Spielklassen wurde Karl Wald immer wieder mit dem Problem konfrontiert, dass ein Spiel – oft die entscheidende Auseinandersetzung um Meisterschaft oder Pokal – zu einer Entscheidung gebracht werden musste, weil auch nach Verlängerung kein Sieger gefunden war.

Er empfand die damals häufig gewählte Methode, eine Münze zu werfen, als in ungerechter Weise zufällig und unsportlich. Kopf oder

Zahl – was hatte das mit Fußball zu tun? Nicht der Zufall, sondern die Zahl der geschossenen Tore, der Ball im Netz, sollte ein Fußballspiel entscheiden, meinte Karl Wald und kam in den 1960er-Jahren auf die Idee, die jeder Mannschaft eine sportliche Chance ließ: Die Torschützen jeder Mannschaft sollten mit der Zahl der Treffer vom Elfmeterpunkt – den Torwart der gegnerischen Mannschaft überwindend – über den Sieg bestimmen. Das Publikum war von Anfang an auf seiner Seite, denn was ist spannender: eine Münze, die durch die Luft fliegt, oder das Duell zwischen Torwart und Schütze?

Karl Wald erprobte seine Idee bei jeder Gelegenheit, obwohl die Regeln es ihm verboten – als Schiedsrichter hätte er das Elfmeterschießen nicht erlauben dürfen, aber er schaute einfach weg. Was sollte er tun, wenn die Spieler beider Mannschaften nicht auf ihn hörten? Mit jedem neuen Versuch in der Praxis formten sich die heute gültigen Regeln für das Elfmeterschießen weiter aus – und das Publikum war begeistert.

Am 30. Mai 1970 gelang es Karl Wald auf dem zwölften Verbandstag der deutschen Schiedsrichter eine Mehrheit für seine Regeln zu finden, obwohl der damalige Vizepräsident des DFB Hans Huber sich zunächst gegen diese Neuerung sperrte. Mit Beginn der Saison 1970/1971 entschieden Bayerns Fußballer per Elfmeter, wenn sonst nichts mehr ging. Der Deutsche Fußball-Bund, die UEFA und schließlich 1976 auch die FIFA übernahmen die von Karl Wald entwickelten Regelungen. Ihm ist es zu verdanken, dass heute jedes bedeutende Fußballspiel auf jeden Fall ein spannendes Ende findet.

ELFMETERSCHIESSEN XXL

Im argentinischen Fußball ist immer etwas los. 1988 zum Beispiel wollte die Entscheidung in einem Ligaspiel zwischen Argentinos Juniors und Racing Club de Avellaneda einfach nicht fallen. Immer wieder glichen die Kontrahenten aus, und erst nach 44 Elfmetern fiel die Entscheidung: Argentinos Juniors siegte mit 20:19.

Ähnlich hoch endete im englischen Ligapokal die Partie zwischen dem FC Liverpool und dem Zweitligisten FC Middlesbrough. Am Ende hatte Liverpool 14-mal, Middlesbrough 13-mal getroffen.

ELFMETERSCHIESSEN MIT NOTIZZETTEL

Vielleicht war es ein kleiner Zettel, den Torwart Jens Lehmann aus seinem Stutzen zog, der die Nationalmannschaft ins Halbfinale der Weltmeisterschaft 2006 brachte: Für das Match Deutschland–Argentinien hatte sich der Nationaltorwart die Lieblingsecken der argentinischen Schützen aufgeschrieben – Messi links, Aimar 16 lange warten links, Rodríguez 18 links –, wie sich zeigen sollte, eine effektive Idee. Lehmann konnte zwei Strafstöße abwehren und brachte dadurch Deutschland weiter.

ELFMETERSCHIESSEN NACH SCHWEIZER ART

Dreimal hintereinander siegte beim Elfmeterschießen im Treffen zwischen der Schweiz und der Ukraine der Torwart. Nach einem 0:0 während der regulären Spielzeit und der Verlängerung versagten im WM-Achtelfinale 2006 die Schweizer Torschützen Marco Streller, Tranquillo Barnetta und Ricardo Cabanas gleich zu Beginn, während sich die Ukraine mit drei Treffern ins Viertelfinale schoss.

ELFMETERSCHIESSEN: DER MYTHOS VOM TITANEN

Er rettete den FC Bayern München aus höchster Not: Gleich drei Elfmeter wehrte Torwart Oliver Kahn für den FC Bayern im Spiel gegen Valencia ab, zwei davon in höchster Not, während sein Verein zurücklag und zu verlieren drohte. Der dritte Ball, den er abwehrte, sicherte den Sieg: Der FC Bayern München wurde 2001 erstmals Champions-League-Sieger.

IN NATURALIEN

Normalerweise fließen Millionen, wenn begnadete Fußballer den Verein wechseln. Hin und wieder ist die Summe auch etwas kleiner, angepasst an das Können des jeweiligen Kickers. In diesem Fall allerdings floss gar kein Geld: Der Verteidiger Marius Cioara, tätig beim rumänischen Zweitligisten UT Arad, soll 2006 angeblich für 15 Kilogramm Wurst an den Viertligisten Regal Horia verkauft worden sein. Allerdings zog sich Marius Cioara schon einen Tag nach seinem Wechsel komplett vom Fußball zurück, woraufhin Regal Horia die Würste zurückforderte. Marius Cioara wanderte nach Spanien aus, um dort in der Landwirtschaft zu arbeiten.

Ein einmaliger Vorgang? Eher eine Tradition im rumänischen Fußball, denn bereits 1998 hatte der in Finanznöte geratene Verein Jiul Petrosani den Mittelfeldspieler Ion Radu an den 2004 aufgelösten Club Chima Ramnicu Valcea verkauft – für zwei Tonnen Rind- und Schweinefleisch. Die Verantwortlichen wollten das Fleisch verkaufen, um davon die Gehälter der Spieler zu zahlen.

Rumänische Verhältnisse? Keineswegs, denn schon 1921 wurde im Mutterland des Fußballs der Tausch Spieler gegen Naturalien praktiziert. Ernie Blenkinsop, Linksverteidiger bei den Cudworth United Methodists aus Barnsley/South Yorkshire, wechselte für 100 englische Pfund und ein Fass Bier zu den Hull City Tigers – ein genialer Einkauf des finanziell etwas klammen Vereins, denn Blenkinsop hatte eine beachtliche fußballerische Karriere vor sich. Er sollte später für den FC Liverpool und die englische Nationalmannschaft spielen.

1927 wechselte Flügelmann Hugh McLenahan vom Stockport County FC zu Manchester United – für drei Kühlschränke voller Eiscreme. Die spendete Louis Rocca, Assistant Manager bei Manchester United und Inhaber einer florierenden Eiscremefabrik, als Transferleistung für die Freigabe McLenahans aus dem Vertrag. Die kalten Süßigkeiten wurden auf einem Basar verkauft, mit dessen Hilfe Stockport Countys leere Vereinskasse wieder gefüllt werden sollte.

Und 2002 musste in Norwegen Kenneth Kristensen auf die Waage – er hatte in der Saison 2002 für seinen Verein Vindbjart FK 14 Tore geschossen und wurde deshalb vermutlich attraktiv für das Team von Flekkeroy IL/Kristiansand. Die recht ungewöhnliche Transferzahlung: Kristensen Körpergewicht in Form von Shrimps. Es waren 75 kg.

IM DOPPELPACK

Wie wird man Fußballer beim ersten FC Köln? Man stellt sich ganz einfach vor und beweist, dass man mit dem Ball umzugehen weiß. Was aber, wenn das eigene Können vermutlich nicht genügt? Vor diesem Problem stand der Jugoslawe Srđan Čebinac, der wohl nicht allzu viel von seiner fußballerischen Begabung hielt. Zwar spielte er bei Partizan Belgrad, doch zog es ihn in der Saison 1965/66 nach Deutschland. Genauer gesagt trat er beim 1. FC Köln zu einem Probetraining an, das recht überzeugend ausgefallen sein muss, denn Srđan Čebinac erhielt einen Vertrag, den er eigenhändig unterzeichnete. Da er aber in seiner Zeit beim Geißbock-Club nur in drei Bundesligaspielen eingesetzt wurde und ein einziges Tor schoss, hält sich hartnäckig das Gerücht, dass es sein weitaus begabterer Zwillingsbruder Zvezdan Čebinac war, der im schicksalhaften Probetraining die Verantwortlichen überzeugt hatte.

SELBSTERKENNTNISSE

»Ich bin jetzt nicht ratlos, aber ich bin auch nicht der Messias. Oder habe ich etwa Sandalen an?«

(Trainer Huub Stevens, VfB Stuttgart, über seine Möglichkeiten im Kampf um den Klassenverbleib)

»Ich bin kein Wunderheiler.«

(Trainer Martin Schmidt, FSV Mainz 05, nach einem 3:1-Sieg gegen Eintracht Frankfurt)

SCHNEEALLERGIE

Unter dieser sicher nicht sehr häufigen Erkrankung litt der Brasilianer José Gilson Rodriguez, genannt Zézé, und dieses furchtbare Leiden zwang ihn zur Rückkehr in seine Heimat. 1964 hatte ihn Franz Kremer, der Präsident des 1. FC Köln, auf die Empfehlung eines Spielervermittlers für damals sagenhafte 150.000 DM nach Deutschland verpflichtet. Weil der Deal mit ziemlich viel Geheimniskrämerei abgewickelt wurde, vermutete die sensationslustige Presse, es handle sich bei dem Einkauf aus Brasilien um den berühmten Pelé. Als sich dann herausstellte, dass diese Erwartungen enttäuscht wurden, enttäuschte zu allem Überfluss auch noch José Rodriguez auf dem Platz. Nach nur fünf torlosen Spielen zog José Gilson Rodriguez, der sich im kalten Deutschland alles andere als wohlfühlte, die Notbremse und kehrte in seine Heimat zurück, wobei ein spanischer Arzt ihm half, das Gesicht zu wahren: Er stellte bei ihm eine ausgeprägte Schneeallergie fest.

NACKTE TATSACHEN

Wie die »Bild«-Zeitung berichtete, könnte der dreimalige Nationalspieler Marco Engelhardt telekommunikativ-exhibitionistische Tendenzen besessen haben: Einer ihm bekannten Krankenschwester soll er eine äußerst freizügige SMS zugesandt haben, kommentiert mit dem Satz: »Denk mal wieder an mich!« Allerdings kommentierte Marco Engelhardt die Pressemeldung mit dem Satz: »Mir ist rätselhaft, wie das Foto zu ihr kam.« Später erklärte er die peinliche Angelegenheit so: Ein Freund habe das Foto von seinem Handy aus verschickt. Wer solche Freunde hat ...

Eindeutig zu viel zeigte auch Sezgin Özhan, ein Stürmer des Duisburger Bezirksligisten VfvB Ruhrort/Laar im Lokalsportteil einer Regionalzeitung. Er verspürte offenbar den Drang, seinen Schniedel in der »Neuen Ruhr Zeitung« vom 29. Juli 2008 zur Schau zu stellen, was ihm eine 10-Wochen-Sperre durch den Fußballverband wegen grob unsportlichen Verhaltens und Ermittlungen der Kriminalpolizei wegen sittenwidrigen Verhaltens einbrachte. Özhan hat sich mittlerweile entschuldigt, nicht zu entschuldigen ist aber offenbar das Versagen der Bildredaktion bei der »Neuen Ruhr Zeitung« – habt ihr das Ding denn nicht gesehen?

FUSSBALLERWITZ

Zum nächsten Spiel der Nationalmannschaft
kommt Papst Franziskus.
Der Papst reist immer dorthin,
wo Not und Elend am größten sind.

FUSSBALL UND ABERGLAUBEN

ADRIAN MUTU, rumänischer Nationalspieler, trug immer dieselbe Unterwäsche, wie es übrigens viele andere Spieler auch tun.

BRUNO AKRAPOVIĆ, tätig bei Energie Cottbus, bestand stets darauf, die Rückennummer 8 zu tragen. Er hatte seinen ersten Vertrag bei Arminia Bielefeld am 08.08.88 abgeschlossen.

CARLOS BILARDO, argentinischer Nationaltrainer, war davon überzeugt, dass Hühnerfleisch Unglück bringt. Bei der Weltmeisterschaft 1986 musste die argentinische Nationalelf deshalb fünf Wochen auf alle Gerichte mit Hühnerfleisch verzichten. Positiv auf das Ergebnis eines Spiels wirkte sich nach Bilardos Meinung aber aus, wenn sich der Trainer Zahnpasta von einem seiner Spieler leiht (!). Nachdem genau dies einmal geschehen war und Argentinien in der ersten Begegnung Mexiko schlagen konnte, putzte sich der Trainer seine Zähne nur mit fremder Zahnpasta, bis – wie man ja weiß – Argentinien Weltmeister wurde. Deshalb also ...

CHRISTOPH METZELDER wollte den Sieg bei der EM 2008 mit einem Bart erzwingen. Er ließ seine Haarpracht bis ins Finale gegen Spanien wachsen. Dann versagte die mittlerweile zum Vollbart herangewachsene Gesichtsbehaarung – Deutschland unterlag 0:1.

GARY LINEKER, Englands großer Fußballer der 1980er-Jahre, schoss beim Warmmachen nie aufs Tor. Er wollte sich die Treffer für das Spiel aufheben. Konnte er in der ersten Halbzeit kein Tor erzielen, so wechselte er das Trikot – irgendetwas musste ja an seinem Versagen schuld sein. Blieb er in einem Spiel torlos, so ging er – zum Friseur ...

GENNARO GATTUSO, italienischer Nationalspieler, trug während der WM 2006 immer denselben Pullover, packte vor jedem Spiel seinen Koffer für die Heimreise, weil er dies vor dem Sieg gegen Tschechien getan hatte, und las vor jeder Begegnung stets ein paar Seiten Dostojewski – aus welchen Gründen auch immer.

GERD MÜLLER, der »Bomber der Nation«, trug stets Fußballschuhe der Größe 41, obwohl ihm Größe 38 weitaus besser gepasst hätte. Seine Begründung: Darin könne er sich besser drehen. In der Nationalmannschaft trug Gerd Müller die Rückennummer 13, weil die 9 bereits an Uwe Seeler vergeben war. Allerdings brachte ihm die 13 kein Unglück – er schoss im 13er-Trikot immerhin 14 Weltmeisterschaftstore.

GIOVANNI TRAPATTONI versprühte in seiner Funktion als Italiens Coach während der Weltmeisterschaft 2002 nicht nur motivierende Energie, sondern auch geweihtes Wasser, das er von seiner Schwester, einer Nonne, erhalten hatte. Offenbar war dessen Wirkung nicht stark genug – Italien scheiterte im Viertelfinale gegen Südkorea.

HORST EHRMANTRAUT, erfolgreicher Trainer beim SV Meppen, saß während kritischer Spiele nicht auf der Trainerbank, sondern in einem weißen Plastikstuhl aus dem Baumarkt. Nach dem Sinn dieser Regelung gefragt, äußerte Horst Ehrmantraut, dass sein Stuhl das Energiefeld nicht stören würde und er von dort aus die Spieler besser fixieren könne. Aus Sorge um die richtigen Schwingungen untersagte Ehrmantraut in einem Fall auch seinem Co-Trainer Bernhard Lippert den Zutritt zur Mannschaftskabine – zu viel »negative Energien«. Ehrmantrauts Plastikstuhl wurde zum Kultobjekt: Er steht in einer Vitrine im Eintracht-Museum in der Commerzbank-Arena.

IVÁN ZAMORANO, chilenischer Nationalspieler, trug während seiner Einsätze immer einen weißen Verband am rechten Handgelenk. Er hatte bei einem Spiel in der Schweizer Liga mit einem solchen Verband am Arm (damals wegen einer Verletzung) drei Tore geschossen. Ähnlich hält es der argentinische Spieler Juan Sebastián Verón, nur trägt er – eigentlich ohne medizinische Indikation – eine Bandage am rechten Knie.

JACK CHARLTON, englischer Nationalspieler, wechselte noch kurz vor dem Anpfiff die Stollen und ging nach dem Aufwärmen erst in die Kabine zurück, nachdem er einen erfolgreichen Torschuss vorweisen konnte. Das konnte dauern …

JOHANN »BUFFY« ETTMAYER, österreichischer Torjäger, wählte stets Fußballschuhe, die gut zwei Nummern zu klein waren. Er wollte besseren Ballkontakt, es sollte sich anfühlen wie »ein Kondom an den Füßen«.

JOHN TERRY, Spieler beim FC Chelsea, sitzt im Mannschaftsbus immer auf demselben Platz, hört immer dieselbe CD auf dem Weg ins Stadion, parkt immer auf demselben Parkplatz und verwendete immer dieselben Schienbeinschützer, – sie waren sozusagen sein Talisman –, bis er sie verlor. Als er sie nach einem Champions-League-Spiel nicht mehr finden konnte, dachte er, nun sei seine Karriere am Ende. Aber Teamkollege Frank Lampard gab ihm die seinen, und nur deshalb konnten Terry und seine Mannschaft das Finale des Carling Cup gegen den FC Liverpool 2005 gewinnen.

KOLO TOURÉ, Nationalspieler der Elfenbeinküste, läuft nicht als Erster in das Stadion ein, wie es von ihm als Mannschaftskapitän erwartet würde, sondern unbedingt als Letzter. Im Achtelfinalspiel der Champions League 2008/09 zwischen Arsenal London und dem AS Rom hatte sich Tourés Mitspieler William Gallas, der wie Touré das Arsenal-Trikot trug, kurz vor dem Halbzeitpfiff verletzt, und die Sanitäter taten in der Kabine ihr Bestes, um ihn wieder fit zu bekommen. Als der Schiedsrichter zur zweiten Hälfte pfiff, wurde Gallas noch immer behandelt, und so hätte Touré als Vorletzter aufs Spielfeld laufen müssen. Das kam für ihn aber ganz und gar nicht infrage, und so musste Arsenal mit neun gegen elf Spielern antreten, bis Gallas wieder einsatzbereit war und – hinter ihm – Touré als elfter und letzter Arsenal-Spieler das Spielfeld betreten konnte. Seine Verspätung brachte ihm eine Gelbe Karte ein. Arsenal siegte übrigens 1:0.

LAURENT BLANC, Spielführer der französischen Nationalmannschaft, küsste während der WM 1998 vor jedem Spiel den Torhüter Fabien Barthez auf den Kopf. Auch hier überzeugt das Ergebnis: Die Franzosen wurden Weltmeister – unter anderem auch, weil das Team in der Umkleidekabine immer wieder den Gloria-Gaynor-Titel »I will survive« hörte.

MARIO GÓMEZ singt bei der Nationalhymne zu Beginn eines Länderspiels nicht mit. Die Ursache dafür ist keineswegs mangelnde Vaterlandsliebe, sondern eine frühe Erfahrung: Bei einem Einsatz in der U-15-Nationalmannschaft hatte er einmal nicht mitgesungen – und prompt ein Tor geschossen. Außerdem pinkelt er vor jedem Spiel immer in das am weitesten links von der Umkleidekabine positionierte Urinal. Der bereits genannte John Terry nimmt übrigens immer das am weitesten rechts gelegene.

NOBBY STILES pflegte sich 1966 vor jedem Spiel in einer umständlichen Prozedur ausgiebig Brust, Gesicht und Hände mit Olivenöl einzureiben.

RAYMOND DOMENECH, französischer Nationaltrainer und nach eigenen Aussagen Sternzeichen Wassermann, Aszendent Jungfrau, stellte sein Team nach astrologischen Kriterien zusammen. Bei der Weltmeisterschaft 2006 verzichtete er auf Robert Pires, weil dieser das falsche Sternzeichen hatte, nämlich ein Skorpion war und nach Meinung des Trainers somit unfähig, im Team zu arbeiten – »Skorpione«, so glaubte Domenech, „bringen sich am Ende alle gegenseitig um". Löwen hingegen gehörten nicht auf den Platz, weil sie immer bereit seien, »Dummheiten zu begehen«. Stattdessen setzte er viermal das harmonische Sternzeichen Krebs ein, darunter Chefharmonieexperte Zinédine Zidane ...

RENÉ HIGUITA, genannt »El Loco« (der Verrückte), bekämpfte in den 1980er-Jahren eine Pechsträhne seines Vereins Atlético Nacional in der kolumbianischen Liga mit magischen Mitteln. Gemeinsam mit seinem Teamkollegen Carlos Perea besuchte er eine Wahrsagerin, die das Problem sofort erkannte: Der Verein sei verhext. Das zauberische Gegenmittel: ein Gürtel und blaue Unterhosen für jedes Mannschaftsmitglied. Selbstredend: Seitdem siegt Atlético Nacional.

SERGIO GOYCOCHEA, argentinischer Torhüter und gefürchteter Elfmeterkiller, wird ein merkwürdiges Pinkelritual nachgesagt. Vor einem Einsatz beim Elfmeterschießen soll er stets in den Mittelkreis urinieren, wobei ihn seine Mitspieler umringen, um nicht allzu viel Öffentlichkeit zuzulassen.

WAHRE LIEBE

»Er hat zu mir gesagt, je t'aime,
ich habe auch gesagt, je t'aime.«

(Franck Ribéry über einen Wortwechsel mit Bayern-Kollege Rafinha, nachdem Ribéry ein entscheidendes Tor geschossen hat)

UNENTSCHIEDEN – UNENTSCHIEDEN BEWERTET

»Das war ein guter Schritt in die richtige Richtung. Aber wir dürfen uns nicht zu sehr in den Himmel schießen.«

(Lewis Holtby, HSV, nach einem 0:0 gegen Bayern München)

»Wir haben ein Kackspiel gemacht.«

(Stefan Kießling, Bayer Leverkusen, nach einem 1:1 gegen den 1. FC Köln)

»Bis zum 0:0 haben wir es glaube ich ganz gut gemacht.«

(Manuel Neuer)

DER KLEINSTE SCHIEDSRICHTER DEUTSCHLANDS

Unter den 80.000 Schiedsrichtern in Deutschland ist Cem Yazirlioglu der kleinste. Der 28-jährige Berliner misst vom Scheitel bis zur Sohle nur 1,38 Meter. Er pfeift in der Berliner Kreisliga, hat aber Ambitionen, auch Spiele in der Regionalliga zu leiten. Ursprünglich wollte er selbst Fußballer werden, konnte aber nach eigener Aussage besonders bei Kopfballduellen irgendwann nicht mehr mithalten. »Ohne Fußball geht es bei mir aber nicht«, sagt der umtriebige Mann. Probleme mit der Autorität auf dem Platz hat er nicht.

DAS FUSSBALLER-ZITAT

»Die Fans müssen wissen,
dass ich kein Clown bin.«

(Oliver Kahn)

FUSSBALLGESCHICHTE

1863 wird die Football Association (FA) als erster nationaler Fußballverband der Welt in London gegründet. Die FA verfasst auch ein umfassendes Regelwerk auf der Basis der Cambridge-Regeln von 1848. Es gibt darin die erste Abseitsregel, aber noch immer dürfen mehr als elf Spieler pro Mannschaft auf dem Platz sein. 1870 war das Geburtsjahr der Fußball-Elf: Die Football Association legt die Zahl der Spieler auf maximal elf pro Mannschaft fest. Zuvor konnten es auch mal 20 sein.

MOTIVATION!

Höhere Belohnung für die erfolgreiche Mannschaft: Seit 1994 gibt es drei statt bisher zwei Punkte für einen Sieg. Das motiviert zu Angriffsfußball – gut für die Zuschauer!

DER RICHTIGE NAME

»Mein Name ist in den vergangenen Tagen sehr oft falsch geschrieben worden. Ich heiße Claudemir Jerônimo Barreto. Nicht Maria und nicht da Silvo. Das ist frei erfunden. Sie können mich aber auch als Cacau ansprechen, nicht Herr Cacau.«

(Cacau stellt etwas klar)

WUSSTEN SIE SCHON ...

... dass ein Spieler seit 1984 die Gelbe Karte für »überschwänglichen Jubel« bekommen kann?

ADHS

»Er wollte morgens, nachmittags und abends trainieren. Wir haben ihm ein Beruhigungsmittel gegeben, damit er gelassener wird.«

(Brasiliens Nationaltrainer Carlos Dunga über seinen übermotivierten Star Kaká)

FUSSBALLGESCHICHTE

1896 – Die »Jenaer Regeln« bringen entscheidende Neuerungen: In Deutschland müssen Spielfelder jetzt frei von Bäumen und Sträuchern sein.

1904 – Im Fußball reißen lockere Sitten ein: Die FIFA erlaubt es den Spielern, Hosen zu tragen, die das Knie nicht bedecken ...

DER DOPPELTE NATIONALTRAINER

Der Fußballverband der Seychellen SFF fiel auf eine Namensgleichheit herein, als er 2010 einen Trainer verpflichtete. Die Offiziellen des Inselstaates glaubten, das schottische Idol »Andy Mo«, zuletzt aktiv bei Manchester City, für ihr Nationalteam zu verpflichten. Andrew Morrison machte gerade Urlaub auf den Seychellen und die Gelegenheit war günstig. Nur war es nicht der richtige Andrew Morrison. Zwar war der Mann auch Schotte und Fußballtrainer, aber eben nicht der »Andy Mo« Morrison, mit vollem Namen Andrew Charles Morrison. Sein Namensvetter hieß Andrew Amers Morrison. Doch der seychellische Verband stand zu seinem Wort, Vertrag ist Vertrag: Andrew Amers Morrison durfte sein Können in halbjähriger Probezeit beweisen. Das gelang ihm nicht – der Vertrag wurde dann doch zum 31. Dezember aufgelöst. Nachfolger im Amt war ein einheimischer Trainer.

DIE SELTSAME RÜCKENNUMMER 1+8

Streit um die Rückennummer 9 gab es im Sommer 1997 bei Inter Mailand: Der Verein hatte gerade Ronaldo eingekauft, und der Brasilianer sollte auch in diesem Team die Rückennummer 9 tragen.
Die hatte aber vor ihm schon Iván Luis Zamorano Zamora, der chilenische Stürmer mit dem schönen Spitznamen »Bam Bam«, und er wollte auch nicht darauf verzichten. Doch der Verein wies Zamorano die Nummer 18 zu und Ronaldo übernahm die Nummer 9. Zamorano löste das Zahlenproblem ausgesprochen einfallsreich und trug so schließlich doch seine Lieblingszahl auf dem Rücken:
Er behalf sich mit einem Plus-Zeichen zwischen der 1 und der 8 der Zahl 18 und stellte so dem Schiedsrichter und dem Publikum eine Rechenaufgabe: 1 + 8 = ... 9!

SCHWARZE MAGIE IM FUSSBALL

1967 hatte der mehrfache argentinische Meister Racing Club de Avellaneda noch das Weltpokalfinale gegen Celtic Glasgow gewonnen – dann reihte sich 35 Jahre lang Misserfolg an Misserfolg. 1999 stand der Club sogar kurz vor dem finanziellen Ruin. Was war geschehen? Fans des Erzrivalen Club Atlético Independiente hatten den Club »verzaubert«, nämlich sieben schwarze Katzen im Estadio Presidente Perón vergraben, um dem unliebsamen Konkurrenten alles Böse an den Hals zu wünschen. Beendet wurde die durch schwarze Magie herbeigeführte Pechsträhne erst im Jahr 2001, als die letzten sterblichen Überreste der letzten schwarzen Katze entfernt werden konnten. Und siehe da! Noch im selben Jahr wurde Racing wieder argentinischer Meister.

DER REGENMACHER

»Wenn Neymar es auf dem Platz regnen lässt, wundert sich keiner.«

(Abwehrspieler David Luiz über die magischen Kräfte seines Teamkollegen nach dem 4:1-Sieg im WM-Spiel gegen Kamerun)

OH, GROSSER ERRETTER

»Er ist das Wasser in der Wüste.«

(Argentiniens Trainer Sabella über Lionel Messi)

»Messi ist eine andere Art, Maradona zu sein.«

(Ex-Nationalspieler Jorge Valdano über Lionel Messi)

DIE HOSEN VOLL

Gary Lineker, englischer Ex-Nationalspieler, spielte tatsächlich einmal mit vollen Hosen. Beim Weltmeisterschaftsspiel 1990 gegen Irland trat er trotz heftiger »Magenprobleme« an und alles lief flüssig. Auch in seiner Hose – er soll ein Stück Rasen als Entsorgungshilfe genutzt haben. Lineker kommentierte später: »Ich hatte Glück, dass es an dem Abend geregnet hat.« Außerdem freute er sich darüber, dass er sehr viel Platz auf dem Spielfeld gehabt habe.

FUSSBALLER-ZITATE

»Wir sind extrem beschissen gestartet, zwischendrin war es okay, dann war es wieder beschissen, dann war es wieder bemüht, und dann war es noch mal beschissen.«

(Thomas Müller über ein verlorenes Spiel bei Borussia Mönchengladbach)

»Es war ein wunderschöner Augenblick, als der Bundestrainer sagte: Komm, Stefan, zieh deine Sachen aus, jetzt geht's los.«

(Steffen Freund)

»Ich finde eine fantastische Grätsche, mit der ich einen Treffer verhindere, viel geiler als ein Tor oder eine Vorlage.«

(Nigel de Jong, niederländischer Nationalspieler)

»Der Druck war weg.«

(Der niederländische Stürmer Klaas-Jan Huntelaar, der vor seinem Einsatz im Spiel gegen Mexiko noch mal schnell wohin musste und später den 2:1-Sieg für die Niederlande mit einem Strafstoß besiegelte)

»Meiner Eier sind so groß wie der ganze Kader vom FCK!«

(Mohamadou »Mo« Idrissou, FC Kaiserslautern und Nationalspieler von Kamerun)

»Ich sage es mal mit einem Spruch aus der Kreisliga A:
Am Ende ist der Pimmel dick!«

(Lewis Holty, FC Schalke 04, nach dem 4:2-Sieg seiner Mannschaft gegen den FSV Mainz)

FUSSBALL UND SEX

»Ich stelle immer fest, dass die Spieler früher im Bett sind,
wenn die Frauen im Hotel sind.«

(DFB-Teammanager Oliver Bierhoff über Familien-Besuch im Mannschaftshotel)

»Ich verbiete alles, die dürfen nur noch trinken und essen.
Schade für die Frauen.«

(Huub Stevens)

»Sex vor einem Spiel? Das können meine Jungs halten, wie sie wollen
Nur in der Halbzeit, da geht nichts.«

(Berti Vogts)

»Immer wenn ich breit bin, werde ich spitz.«

(Wolfram Wuttke, Ex-Nationalspieler)

FUSSBALL-LEXIKON: FUMMELN

Nein, nicht was Sie Fußballignorant denken – das Fummeln bezeichnet keine pubertären Erotikspielchen auf dem Platz, sondern eher den pubertären Umgang mit dem Ball, das Pfeifen auf allen Teamgeist und das ballverliebte Sich-nicht-trennen-Können. Fummeln führt (wie in der Erotik) nur bei Könnern zum Erfolg – im Regelfall endet der Fummler in der gegnerischen Abwehr (auch hier die Parallele ...)

ERFINDUNGEN RUND UM DEN FUSSBALL

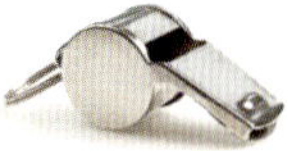

1848: das Fußballspiel
UM 1870: die Trillerpfeife des Schiedsrichters
1909: Der Fußballschuh mit Stollen
1921: Schienbeinschoner
1931: der Ball mit Luftblase und Ventil
1931: der mithilfe einer Batterie beleuchtete Ball
1950: das Tischfußballspiel (»Kicker«)
1962: der Kunststoffball mit Leuchtpigmenten in der Hülle
1968: die Torwand mit zwei Löchern zu Trainingszwecken
1970: die Gelbe und die Rote Karte
1970: das Elfmeterschießen
1971: die Panini-Fußball-Sammelbilder
1973: die Trikotwerbung
1981: der Torwarthandschuh
1997: die Wimpelhalterung für das Auto
1999: der Fußball mit Licht- und Geräuscheffekten
1999: die elektronische Verwarnungskarte
2000: das Freistoßspray

2001: der fahrbare Spielfeldrasen
2002: die Schiedsrichterpfeife mit eingebautem Mikrofon, über Lautsprecher in den Eckfahnen verstärkt
2003: die selbstleuchtende Eckfahne
2004: der aufblasbare Torrahmen
2004: der Fußball mit gekammerter Blase und Aufhängung für den Chip im Ball
2004: der aufblasbare Pokal
2014: der Fußball, der Strom erzeugt

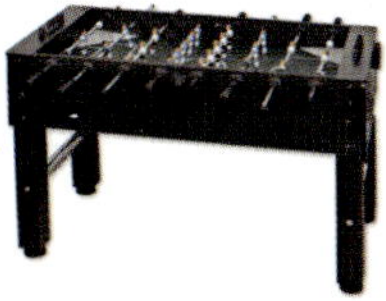

SCHALKES RASEN GEHT AUF REISEN

Der erste bewegliche Rasen der Bundesliga wächst in Gelsenkirchen, und zwar in einer 11.000 Tonnen schweren Stahlbeton-Schublade. Mithilfe dieser technischen Vorrichtung kann das Spielfeld sozusagen das Stadion verlassen, um Licht, Luft und Sonne zu tanken. Darüber hinaus bietet die Arena »Auf Schalke«, eingeweiht im August 2001 und mit 367 Millionen eine nicht eben preiswerte Sportstätte, Platz für über 60.300 Zuschauer. 72 bedeutende Persönlichkeiten können in eigenen luxuriösen VIP-Logen untergebracht werden – Jahresmiete mindestens fünfstellig. Etwas günstiger kommen die 1600 Business-Gäste weg. Auch für die Spieler wird einiges geboten: Mitten zwischen ihren Kabinen wurde eine Kapelle eingeweiht, in der sie vermutlich um ein gutes Ergebnis beten sollen. Und wenn sie bei einem Heimspiel doch einmal im Regen stehen, wird einfach das Schiebedach der Arena zugemacht.

FUSSBALLGESCHICHTE

1955 – Der deutsche Fußball-Bund (DFB) beschließt auf seinem Verbandstag ein Verbot des Frauenfußballs. Es soll keine Damenmannschaften geben, weil »diese Kampfsportart der Natur des Weibes im Wesentlichen fremd ist.« Außerdem beklagten die Herren, dass »im Kampf um den Ball die weibliche Anmut schwindet und Körper und Seele unweigerlich Schaden erleiden«. Außerdem sieht man die Gefahr, dass das »Zurschaustellen des Körpers Schicklichkeit und Anstand verletzt«.

1970 – Der Deutsche Fußball-Bund (DFB) zeigt sich unglaublich fortschrittlich und hebt das Fußballverbot für Frauen von 1955 auf.

FRAUENFUSSBALL UND DAS GELD

»Der Unterschied zwischen den Profis bei Männern und uns Fußballerinnen in der Frauen-Bundesliga ist, dass die Männer rechnerisch schon 80.000 Euro dafür bekommen, wenn sie einen Quadratmeter auf dem Platz bespielen. Wir müssen für weniger Geld das ganze Feld beackern.«

(Simone Laudehr, Fußball-Weltmeisterin sowie Spielerin des 1.FFC Frankfurt)

FUSSBALLER-ZITAT

»Was ich meiner Sturmkollegin Birgit Prinz mit auf den Weg gebe? Es ist wohl eher so, dass die Birgit mir Tipps geben kann.«

(Mario Gómez)

KLEINE UNTERSCHIEDE – GESCHENKT!

»Da geht er, ein großer Spieler. Ein Mann wie Steffi Graf!«

(Fußballkommentator Jörg Dahlmann über Lothar Matthäus bei seinem Abschiedsspiel)

MODEFRAGEN

»Der trägt das mit einer Inbrunst – das passt einfach. Wenn ich so etwas tragen würde, würden mich alle fragen, ob jetzt ganzjährig der Fasching ausgebrochen ist.«

(Thomas Müller über die extrovertierte Mode von Jérôme Boateng)

»In Deutschland läuft der Karneval anders, als ich ihn kenne. Hier ziehen sich alle komisch an – in Brasilien immer alle aus.«

(Aílton während seiner Tätigkeit beim KFC Uerdingen über den Karneval in Krefeld)

»Der soll gerade was sagen, der hat doch die gleiche Frisur, seit er elf ist.«

(Marcell Jansen, als Lukas Podolski sich über dessen neue Frisur lustig gemacht hatte)

»Nicht so lange wie du.«

(Kim Kulig auf Fatmire Bajramajs Frage, wie lange sie morgens im Bad brauche)

WUSSTEN SIE SCHON …

… dass im Weltfußballverband FIFA im Jahr 2015 mit 209 Mitgliedern mehr Länder vertreten sind als in den Vereinten Nationen mit nur 192 Mitgliedern?

DER FUSSBALLER UND DAS FREMDWORT

»Ich kann es mir als Verantwortlicher für die Mannschaft nicht erlauben, die Dinge subjektiv zu sehen. Grundsätzlich werde ich versuchen zu erkennen, ob die subjektiv geäußerten Meinungen subjektiv sind oder objektiv sind. Wenn sie subjektiv sind, dann werde ich an meinen objektiven festhalten. Wenn sie objektiv sind, werde ich überlegen und vielleicht die objektiven subjektiv geäußerten Meinungen der Spieler mit in meine objektiven einfließen lassen.«

(Erich Ribbeck)

DER POLITISCH KORREKTE BERICHTERSTATTER

»Die Spieler von Ghana erkennen Sie an den gelben Stutzen.«

(Der politisch überaus korrekte Reporter Marcel Reif beim Länderspiel Deutschland–Ghana)

»Ich darf als Reporter ja nicht parteiisch sein ... ich will auch nicht parteiisch sein – aber ... lauft, meine kleinen schwarzen Freunde, lauft!«

(Marcel Reif kommentiert das WM-Spiel zwischen Kamerun und Argentinien)

»Bei der Fußball-WM habe ich mir Österreich gegen Kamerun angeschaut. Warum? Auf der einen Seite Exoten, fremde Kultur, wilde Riten – und auf der anderen Seite Kamerun!«

(Richard Rogler)

»Das da vorn, was aussieht wie eine Klobürste, ist Valderrama.«

(Béla Réthy)

»Die Deutschen denken jetzt an ihren vierten WM-Titel, die Engländer wieder an ihr Bier.«

(Die argentinische Zeitung »Ole« nach dem 4:1 von Deutschland gegen England bei der WM 2010)

REKORD-NATIONALSPIELER MIT ÜBER 100 EINSÄTZEN

(STAND WM 2014)

Lothar Matthäus	1980–2000	150-mal im Team	23 Tore
Miroslav Klose	2001–2014	137-mal im Team	71 Tore
Lukas Podolski	seit 2004	125-mal im Team	48 Tore
Philipp Lahm	2004–2014	113-mal im Team	5 Tore
Bastian Schweinsteiger	seit 2004	111-mal im Team	23 Tore
Jürgen Klinsmann	1987–1998	108-mal im Team	47 Tore
Jürgen Kohler	1986–1998	105-mal im Team	2 Tore
Per Mertesacker	2004–2014	104-mal im Team	4 Tore
Franz Beckenbauer	1965–1977	103-mal im Team	14 Tore
Thomas Häßler	1988–2000	101-mal im Team	11 Tore

ICH HABE NOCH NICHT FERTIG!

»Ich habe schon öfter betont, dass ich meinen Kadaver noch ein bisschen rumschleppe. Wie lange es tatsächlich noch ist, entscheide ich dann spontan.«

(Miroslav Klose auf die Frage nach seinem Karriereende)

SPORTREPORTER SIND AUCH NUR MENSCHEN

»Wenn die Eckfahne Nutella-Fahne heißt, höre ich auf.«

(Manfred Breuckmann zum Thema Fußball und Werbung)

»Tagsüber, wenn die Sonne scheint, ist es hier noch wärmer.«

(Heribert Faßbender)

»Guten Abend, meine Damen und Herren, und – bonne noir.«

(Waldemar Hartmann)

Text: Norbert Golluch
Cartoons: Falko Honnen
Grafische Gestaltung: Jutta Kopf
Coverfoto: Getty Images / Thinkstock
Fotografien Innenteil: Getty Images / Thinkstock

Printed by Tien Wah Press
ISBN 978-3-8458-1355-4

www.arsedition.de

FSC www.fsc.org
MIX
Papier aus verantwortungsvollen Quellen
FSC® C012700